Solas Geimhridh
agus dánta eile

Foilsithe den chéad uair in 2023 ag Barzaz,
inphrionta de chuid
Futa Fata, An Spidéal, Co. na Gaillimhe

Tá Barzaz buíoch den Chomhairle Ealaíon a thacaíonn
lenár gclár foilsitheoireachta.

Gabhann Barzaz buíochas le Clár na Leabhar, Foras na Gaeilge,
faoina thacaíocht mhaoinithe.

Foras na Gaeilge

Clóchurtha in 12pt Mrs Eaves

Dearadh an leabhair agus clóchuradóireacht:
Anú Design, Teamhair na Rí

ISBN: 978-1-915684-12-7

Barzaz,
An Spidéal,
Co. na Gaillimhe,
Éire
barzaz.ie

Solas Geimhridh
agus dánta eile

Laoighseach Ní Choistealbha

BARZAZ

An Spidéal

Foilsíodh roinnt de na dánta seo in *Comhar*, *Feasta*, *Éigse Éireann*, *ANEAS*, *The Waxed Lemon*, *ROPES*, *An Capall Dorcha*, *Lampa ar Lasadh: Gradam Mháire Mhac an tSaoi* ó Chomhairle Chontae na Mí, agus *Romance Options: Love Poems for Today* ó Chló Dedalus.

Bhuaigh dánta ón chnuasach seo duaiseanna i gcomórtais éagsúla filíochta: Comórtas Filíochta Frances Browne; Comórtas Filíochta de chuid an Ballybunion Arts Festival; An Fiach Dubh; Comórtas Chathail Bhuí; agus Comórtas Sheachtain na Scríbhneoirí, Lios Tuathail.

Do scéigh sí go tóin an scamallsparáin -
Anam dea-chumtha na hoíche -
Mar chomhfhuaim ag titim go ceolmhar trí dhán,
Is do chritheas le fuacht na filíochta.

'An Peaca' - Seán Ó Ríordáin

Clár na nDánta

Solas Geimhridh

Dánta Eile

Tiomnaím an leabhar seo
do mo mhúinteoirí i Scoil Phádraig Naofa,
Murlach, Leifear (1998-2006); in
The Royal and Prior Comprehensive School,
Ráth Bhoth (2006-2012); agus in Ollscoil
na Gaillimhe (2012-).

Réamhrá

Iompaigh an dán bunoscionn
go ndéanfaidh tú amach
an baineann nó fireann atá sé.

Caith in éadan an bhalla an rud
go bhfaighidh tú amach
an ndéanfar smionagar
nó brúitín de.

Bí in aontíos leis
ar feadh seachtaine,
go bhfaighidh tú amach
an sáfaidh an dán
i lár na hoíche thú,
nó an ndéanfaidh sé
comhleapach duit.

Ansin, leag do bheola
lena chraiceann teann úill.

Seachain an chorrphéist.

Bain plaic as.
Cogain.
Lig don tsú
sileadh ó do smig.

Solas Geimhridh

Do Chailín Óg Nach Ann Di

A mhaoinín mh'anama, dá bhféadfainn d'fhónfainn.
– Máire Mhac an tSaoi

Gach a mbeadh i ndán duit:
stánadh na bhfear, rabhartaí fola,
thar m'fhulaingt a bheadh sé.

Is má leanann tú mise:
drochshúil, starrfhiacla,
's féith na feola…

Mallacht seo na colainne,
a luífidh ar do chúl rua:
an gcuirfinn ort é,

ar nós cóta fearthainne,
ar do bhealach chun na scoile,
a stóirín nach ann duit?

Tuile

dúisím ar maidin:
dorn iata mo choirp,
fás falcairí
ar línéadach leapa.

Trá

tonnta arrainge imithe,
súil fhuilteach amháin:
rós sa tsneachta
i gcadás fo-éadaí.

Íomhánna Fola

Braon caordhearg
ar shuíochán leithris:
tiúilip i bpáirc gheimhridh.

Ailtireacht bhroinne:
glóthach i mbrístíní,
duileasc na gealaí.

Poipín ar chlár na gealaí,
úll amháin ar albastar,
sú talún ar phlúr geal.

Samhradh

Is féidir na bláthanna ar fad a ghearradh siar,
ach ní féidir bac a chur ar theacht an tsamhraidh.
– luaite go minic le Pablo Neruda

Achan ribe a phéac
ó chraiceann caoin
in earrach
na banúlachta,

réab sí amach é
le rásúr
le ceimicí
le snáithe
le pionsúir.

Stróic sí amach an clúmh
a thug nod don eolach
gur mamach
ag teacht in aibíocht
a bhí inti.

Ghearr sí siar
achan athfhás
ach ní raibh sí in ann
an samhradh
a chur ar ceal.

7

Tar éis na mblianta,
d'éirigh sí tuirseach
den dua.

Leag sí uaithi
na greamairí
agus an deimheas,

agus anois fásann sí
ar a suaimhneas
móinéar
scrobarnach
coill
faiche

agus níl orlach dá corp
atá díomhaoin,

óir is mamach aibí
déanta í.

An Chéad Smearadh

fuacht miotail
i mboige gabhail:
mé i mo chnó
a scoiltear
ón taobh istigh.

Glanadh

I

in ainneoin
an ghlantaigh

a mhaíonn
aol, sneachta,
gile,

is doiligh di
a loirg féin

a sciomradh

óna héadach cnis

II

Níonn sí
scrobarnach a bléine
le fuil thriomaithe
a ghlanadh.

Tagann dath meirge
ar an tsobal,

agus in ainneoin
chumhracht shaorga
na gallúnaí,

scaiptear
cumhracht an iarainn
sa chith.

Titeann óna lámh
blobaí an chúir
ina seanphinginí,

iad ag gligleáil
síos an draein.

Meall

D'aimsigh
a méara meall
ar chreat easnacha

agus í sa chith,
a chas sí as
láithreach.

Bhí sé rubarúil
gan ann
ach toirt boinn

ach bhí sé chomh mór
in intinn na mná
le Maol Réidh.

Nuair a chuaigh sí
i muinín an idirlín
ar a fón póca:

uamhan an toradh
ar thuile an eolais,
gearranáil

agus focal amháin
ag bualadh casúir
ar chlár a baithise:

AILSE

II

Bhí sí cinnte ansin
go dtabharfadh an dochtúir
suaimhniú di,

amhail is go raibh a hintinn
ina láireog fhaiteach
ar bior sa stábla,

go ndéarfadh an dochtúir léi
gur seafóideach an gearán é,
ruidín neafaiseach.

Leag an dochtúir lámh
ar an mheall ina taobh
agus níor labhair.

Ansin,
cúpla 'hmmm' is 'húúú' os íseal.
Ní raibh sí cinnte:
bhí scrúdú ultrafhuaime de dhíth.

Thiocfadh litir
tar éis cúpla seachtaine,
ar liosta feithimh a bheadh sí.

Cad a dhéanfaidh mé anois?
a d'fhiafraigh sí den dochtúir.
Tada, a dúirt sí. Fanacht.

Shuigh an dochtúir
ag an ríomhaire chun a seoladh
a chur isteach sa chóras.

Bhí a corp bradach féin
suite támh ansin
sa tseomra leis an dochtúir,

ach bhí láireog a hintinne
imithe chun scaoill
as an ionad sláinte ar fad.

III

Bhí snaidhm an iascaire
ina putóga nuair a shiúil
a corp amach san aer
i ndiaidh na hintinne
a thug na cosa léi.

Sna laethanta a lean,
chuimil sí an meall go minic,
cnapán míshuaimhnis,

ag faire amach do litir oifigiúil
nár tháinig go fóill.

Tá cnó faoi ithir a craicinn:
ní fios fós cad a fhásfaidh.

Sa tSeomra Ultrafhuaime Dom

Tar éis don altra imeacht
chun an dochtúir comhairleach
a aimsiú,
druidim mo shúile,
ag análú go domhain
i dtiúin le dordán na meaisíní
atá i ndiaidh
m'fheoil a tholladh
lena súile aibhléise
le híomhá de mo chuid inní
a ghlacadh.

Nuair a osclaím mo shúile,
táim ag breathnú anuas orm féin,
ar mo chorp
ar shlat mo dhroma
ar an leaba thanaí
le mo thaobh nochtaithe.

Níl solas san áit seo
seachas gile na scáileán,
ná fuaim
ach suainseán íseal
na teicneolaíochta.
Is deas liom bheith ar foluain
sa bhosca dhubh chiúin seo:

iasc sa tanc
leanbh sa bhroinn
smaoineamh sa bhlaosc.

D'fhéadfainn éalú isteach
sa scáileán sin,
mé féin a neadú
sna sreanga
i measc na n-uimhreacha,
mo shaol a chaitheamh
mar phíosa dáta...

Agus dhéanfainn é
murach an croí ceanndána sin
i mo chliabhrach thíos

a phreabann go fóill,
a sháraíonn dordán réidh
na teicneolaíochta,

a chuireann iallach orm
pilleadh anuas,

sula dtarraingíonn an t-altra
an cuirtín siar arís.

Liopómaí

mealla neamhurchóideacha

Tar éis dom
an dara meall
a aimsiú,

titeann an lug
ar an lag orm arís.

Samhlaím
an todhchaí,

i mbabhla
do bhaclainne,
a chroí,

agus mé
chomh
cnapánach
lofa
le bainne
géaraithe.

Réamhfhógra

Teannann mo dhá chíoch
is ní le bainne.

Caithfidh mé
a mborradh míosúil
a iompar i mo lámha,
ar nós dhá bhalún uisce,
is mé ag dul síos staighre.

Briseann maidhm fola
ar chladach ceathrún:
scaoiltear teannas uchta,

agus ligeann an intinn
osna faoisimh;
an corp,
osna díomá.

Ualach

Na rithimí fola
na cíocha borrtha
an brú torthúlachta
an díth láidreachta
na didí míchumtha...

Gan trácht ar
na fiacla forais
na cealla bradacha
na púróga duáin
na súmairí fola
agus an daorghalar...

Lianna,
fiaclóirí,
agus altraí
ag priocadh thart
ar achan mheall,
achan chuas,
achan ghéag,
is beidh rudaí ag dul
ó mhaoil go mullach orm fós.

Dá bhféadfainn
ualach na fisiciúlachta
a chaitheamh uaim
mar a bheadh fallaing...

Uch, dá bhféadfainn!

Téamh

Samhlaigh
gur cearnóigín ime mé
a bhfuil scragall fillte air,
maidin fhuar,
mí Dheireadh Fómhair,
i mbialann faoi thalamh
na hollscoile.

Caithfidh tú mé a leagan
taobh le cuisle d'fhola
le brothall do chraicinn,
go mbogfaidh mé
go ngéillfidh mé
go mbainfear díom
go scaipfear mé

i mo leacht
ar phíosa aráin,
ar chroissant,
ar cibé rud is mian leat.

Bean Fíteaplanctóin

Ní thig linn a rá cén uair a chruinnigh muid le chéile
ná cén uair a ndearnadh duine dínn,

ach nuair a d'oscail muid ár bpoill solais
agus muid inár dturscar ar thrá fholamh
bhí mothú aisteach orainn, easpa éigin

in ainneoin na gréine, agus d'fhoghlaim muid ansin
nach raibh muid in ann an solas a ithe níos mó.

Bhí fonn orainn rud a chur inár bpoll beatha
agus chuaigh muid ag cuardach na trá,

ar na ceithre boinn faoin am sin
mar níor thuig muid conas siúl.

Tháinig an duine eile orainn nuair a bhí muid
    ag cogaint
ar phortán úr, an bhlaosc ag briseadh faoinár
    gclocha itheacháin.

Stán sé orainn agus muid ag sú na feola as cos
    an phortáin.
Bhain sé an brat lofa feamainne a bhí ar ár nguaillí
agus chlúdaigh sé muid lena chraiceann tiubh féin –

a léine, a d'fhoghlaim muid ar ball. 'An bhfuil
    tú ceart go leor?'
a d'fhiafraigh sé dínn, abairt nár thuig muid ag
    an am sin,

ach bhí sé pléisiúrtha dár gcuid bpoll solais
    ar bhealach
nár thug feoil an phortáin pléisiúr dúinn.
Bhí mothú eile orainn anois, folús eile a bhí le
    líonadh le práinn.
Agus thuig muid díreach ag an bhomaite sin
    gur bean a bhí ionainn.

I ndiaidh cúpla lá, d'fhoghlaim muid dóthain
    cainte uaidh le cur in iúl dó
gur mhaith linn an folús eile sin a líonadh
    leisean. Agus líon sé
poll an phléisiúir le díograis, arís agus arís eile
go dtí gur mhothaigh muid ár gcorp nua ina
    smidiríní
go raibh muid scartha arís óna chéile in aer
    meirbh an tseomra,
gur lig sé búir as, ag sceitheadh sáile a choirp
    orainn, ionainn.

24

Ón oíche sin ar aghaidh d'aontaigh muid le chéile
nach ag dul ar ais chuig an fharraige a bheadh
    muid,
agus chuir muid suas le héilimh eile an choirp
    seo –
ithe, ól, fuil mhíosta, fual agus cac. Bhí poill in
    achan chúinne
den chorp agus a n-éilimh féin ag gach ceann acu.

Ach ar mhaithe le súnás a bheith againn, lenár
    bhfear
a bheith againn gach oíche, tháinig muid isteach
    ar an daonnacht.

D'fhoghlaim muid labhairt, siúl, léamh,
    clóscríobh, gáire,
cócaireacht, tiomáint, de réir a chéile. Nuair a
    rugadh leanaí dúinn

chonaic muid ina súile go mbeadh siad in ann an
    ghrian a ithe,
nach mbeadh muid in ann iad a chur san
    fholcadán,

gan *sieve* na cistine a thabhairt linn chun iad a
scagadh amach arís.
Éagsúil linne, a roghnaigh cheana féin,

beidh rogha le déanamh acu sa todhchaí:
pléisiúr, éilimh agus éag na colainne
nó suaimhneas agus ciúnas na fótaisintéise.

Nuair a fheiceann muid torthaí na broinne seo
    ina leabaí
go déanach san oíche nuair atá ár bhfear céile ina
    chodladh,

agus ár bpáistí lonrach le tine ghealáin na
    sinsear,
níl a fhios againn cén rogha a dhéanfaidh siad,
na neacha beaga seo a chruthaigh bean agus fear
    daonna.

Ainmhí

Ar an dara hurlár
den fhoirgneamh
táim ar comhairde
leis na crainn.

Amharcaim orthu
frí aer meirbh oifige
le drochshúil,

ar an tsiosarnach gaoithe
frí fholt a nduilleog,

ar a bhflúirse
faoi ghrian samhraidh.

Tá grabhróga mo lóin
ar an deasc,
thart ar mo bhéal,
idir m'fhiacla,

ach déanann siadsan
a bproinn
i ngach uile chill
ón tsolas féin.

An mothaíonn siad trua
don ainmhí bhréan seo
suite i mbosca gloine
nach féidir leis
an ghrian a ithe?

Folús

Grá folamh a bhí ann ón tús:

babhla folmhaithe,
gloine dhoirte,
tobar taosctha.

Is deacair creatlach saobhghrá
a bhriseadh;

is balún é fós
i mo bhrollach
a bhorrann

gach uair
a bhreathnaíonn tú orm.

An Bhean san Uisce

tar éis 'An Dobharchú Gonta' le
Mícheál Ó hAirtnéide

Sheas bean amháin
ar ghaineamh lom:

bhí meall ina cliabh
cnapán ina giall
fuil ina gabhal
smáil shínteacha
ina bhfáinní airgid
ar a ceathrúna

agus bhí a culaith shnámha
teann ar a bolg.

Thuig sí
gur shíolraigh
an uile rud
ón fharraige chriostail
ag an tús,

gach neach
aoncheallach.

Níor chuir sí suntas
níos mó

ina cosa

ina lámha

ina croí

ina duáin

ina mealla

ná ina trilliúin cill
is a n-orgánaidí siúd.

Bhí sí
aontaithe
aoncheallach,

ag snámh arís
i dtreo fharraige dhraíochta
an chriostail.

Solas Geimhridh

a drum taps: a wintry drum — Philip Larkin

Binn Doire Chláir tar éis díleann:
amharcaim frí ghaothscáth an chairr
ar scoradh airgid na fearthainne
a ghearr feoil an tsléibhe
inné
faoi sholas íseal an gheimhridh.

Seasc, gan lao lena taobh:
amharcaim frí fhuinneog an tí
ar an bhó a chuirfear chun báis
le bolta agus faobhar scine
amárach
faoi sholas íseal an gheimhridh.

Na chéad roic greanta cheana
i gcoirnéal mo bhéil:
amharcaim frí scáthán na haoise
ar íomhá na mná atá óg
inniu
faoi sholas íseal an gheimhridh.

Faigheann Bean Lót a Cúiteamh

Ansin d'fhear an Tiarna ruibh agus tine anuas ar Shodom
agus ar Ghomorá ón Tiarna. Dhíothaigh sé na cathracha sin,
agus an gleann go léir, agus lucht na gcathracha go léir, agus
a raibh ag fás ar an talamh. Ach, d'fhéach bean Lót siar agus
rinneadh gallán salainn di. – Geineasas 19.

Bhí an eachtra sin le m'fhear chéile
agus mo chlann iníonacha chomh fada siar
nach ndearna sé angadh dom a thuilleadh.

Lig mé gach rud le sruth: an fhearg,
an fealladh, an nimh, gach mothú,
go dtí go raibh mé salannbhán.

Agus sheas mé i mo liagán ansin.
D'úsáid na héin chreiche mar chuaille mé
agus d'fhág a gcrúba orm luan fola.

Ba mise an colún amháin san fhásach –
go dtí gur tháinig na Rómhánaigh.

Leagadh go talamh mé
meileadh go púdar mé
bhí tuarastal saighdiúirí le híoc.

Deirimse leat gur leáigh mé
i mbéal an oiread fear.

Íomhá Fola Amháin Eile

idir shúgradh is dáiríre

An splanc fola
na súile fáiscthe
searmanas na n-ungthaí.

Díoltas na gealaí
ar pháipéar leithris?

Fánach an seans:
an daorghalar.

Athchailín

D'fhliuchadh sí an leaba
achan oíche bheo
go haois a cóineartaithe.

Scaoileadh sí fúithi sna braillíní,
agus nuair a thagadh racht gáire uirthi
sa tseomra ranga.
Cheanglaíodh sí a geansaí scoile thart ar a coim
chun an paiste dorcha a cheilt.

Is deacair an boladh a cheilt.

Ba mháistreás bheag í
ar conas braillíní leapa a athrú,
agus i nduibheagán na hoíche
bhaineadh sí an línéadach salach
is bhrúdh isteach sa chiseán níocháin é.

Is annamh a tharlaíonn a leithéid anois di
ach fanann boladh fuail ar a méara fós:
tais, buí, chomh géar le seanmhúirín.

Tuigeann sí go maith
nuair a éireoidh sí liath, lag, rómhall le héirí
go scaoilfidh sí fúithi arís sna braillíní

is sa bholadh shearbh a líonfaidh an
seomra
cloisfidh sí an athuair
sciotaíl an tseomra ranga
ollchiúnas tí i lár na hoíche.

Dánta Eile

Meilt

do Niall

In aice an tseanmhuilinn
nár mheil le blianta,
d'amharc muid beirt
amach ar aigéan na heorna,
barrlán Lúnasa,
na tonnta óir ag lapadaíl
ar ár gcosa.

Shín laethanta geala
an tsamhraidh sin
amach thar fhíor na spéire
agus
d'imigh siad tharainn
ar luas na gcarranna
thart ar na cúinní
ar bhóthar Spring Hill.

Nuair a tháinig an oíche
in aibíocht faoi dheireadh
d'amharc muid amach
thar bhabhla an ghleanna
agus chonaic muid thíos

mionsamhlacha na mbailte
agus na soilsí á lasadh iontu:
Calhame, Droim na hÁite,
Leifear, Ráth Bhoth,
Baile an Droichid...

An cuimhin leatsa é?
Muid ag siúl na mbóithre
na seachtainí sular imigh tú
go dtí an ollscoil,
an t-inneall bainte i bhfad uainn
agus an saol ar fad romhainn le meilt.

Cóisir na Nollag

In ainneoin na haimsire,
níor cuireadh cóisir na Nollag ar ceal –
bhí foireann an tsiopa ar fad i gcúl an mhionbhus
cótaí, miotóga, buataisí caite thar na gúnaí cóisire,
ag tiomáint go cáiréiseach ó Leifear,
frí Leitir Ceannainn,
i dtreo an *Silver Tassie Hotel*.

Bhí tú linn an oíche sin, ar ais ón ollscoil,
is mé ar tinneall.

Chaith muid an béile. D'éalaigh mise agus tusa amach,
inár suí le chéile i bhforhalla an óstáin
ar feadh na hoíche,
ceol na cóisire plúchta ag na doirse.
D'inis tú dom faoi shaol na hollscoile
a bhí chomh heachtrannach dom faoin tráth sin
le saol thar lear,
chomh drámatúil le scéal Rúraíochta...

Bhí ár lámha á dtéamh againn os cionn coinnle
ar an tábla eadrainn.
Achan uair a bhrúigh lucht na cóisire
frí dhoirse an óstáin,
thug an fuacht boiseog dúinn beirt,
agus bhog muid níos gaire dá chéile.

Chuir mé mo cheann ar do ghualainn,
ceapaim. Lig mé orm go raibh tuirse orm.
Nó an ndúirt mé leat go raibh mé fuar?
Smaoiním siar. Is cuma.
                              Lig dom
codladh i do bhaclainn ar an turas dhorcha abhaile,
ar bhóithre sioctha oirthear Dhún na nGall.

An Fear Gnímh

Ag seoladh chnuasach
filíochta Ghuantánamo,
bhain ár dteanga tuisle asam
i measc na ndaoine,
go dtí gur fháisc tú mé
i mbarróg leathlámhach.

Bhí lúbán airgid
i mbun do chluaise
agus gáire ar do bhéal.
Bhrúigh an béal céanna
(a dhiúltaigh freagra i mBéarla
a thabhairt do na Gardaí)
póg amháin ar mo ghrua
amhail muileann airgid.

Maolaíonn na blianta
faobhar mo phaisin.
Seasann tú féin an fód fós, a chuid,
fáiscthe leis an liagán.

Seachas comharthaí agóide a réiteach,
na sráideanna a shiúl
leis an stoc fhógartha,

brúim na línte beaga seo anois
ar pháipéar
i gciúnas an tseomra,
amhail muileann uaignis.

Cóineartú Saolta

D'éirigh túis an chraicinn
i ndorchadas an chlub oíche
nuair a chuaigh mé faoi do lámh
is mé díreach in aois mná.

Le toirbhirt do cholainne
lasadh aidhnín
            mo shruth fola,

thuirling coilm
ar chnámh
          m'uchta,

mhaígh achan chill
gur chreid mé
         ionat.

Agus cé go gcoinníonn lorg na haimsire
an bomaite sin
         amach uaim

maireann criosma d'anála
ar mo bhaithis i gcónaí.

Dís

Shiúil muid beirt fríd an cheo
chuig do charr sa chlós fholamh.

D'éirigh an ghal ónár mbeola,
muid teofhuilteach fós, an dís dheireanach
i gcathair Dhoire san oíche gheimhridh.

Lig mé dom féin a shamhlú arís
gur gheall brothall do bhaclainne,
      agus breochlocha do shúl
                  faoiseamh dom ó fhiacla an fhuachta...

Líon mé mo bhéal le ceochadás.
In abairt amháin a bheadh adhaint. Ach níor labhair.

Shroich muid an carr
a raibh screamh seaca air.
Thosaigh tú an t-inneall. Chas tú air an teas.
Leáigh an t-oighear.
D'éirigh an t-aer eadrainn meirbh.

Thug tú síob abhaile dom. Agus níor labhair mé fós.
      Ná ó shin.

Dara Comaoineach

I gcarrchlós folamh an óstáin
a raibh ceiliúradh
mo Chéad Chomaoineach ann tráth,

is coinnle Aifrinn iad
na soilse ómra sráide,
san oíche seo a bhfuil
ciúnas iarfhaoistine inti.

Ar m'urnaí, cuimlím
clocha mo phaidrín nua:
cnámha do dhroma,
paidrín beo do choirp
a bhfuil a rúndiamhra féin aige,

iad lúcháireach, dólásach,
glórmhar, lonrach...

sula n-osclaíonn tú an carr
chun mé a thabhairt abhaile,
luascann túiseán do chroí
in éadan mo bhrollaigh,

agus cromann an spéir
ina casal dubh, anuas
ag leagan ar mo theanga
abhlann na gealaí.

49

Deis Nár Thapaigh Mé

Stán mé ar shoilse dearga do chairr
is tú ag tiomáint uaim ar an bhóithrín.

Smaoinigh mé siar dhá bhomaite
ar chuimhne úr
a d'iompróinn i mo phóca,
mar mhirlín, fad a mhairfinn:

ar tí imeachta duit,
leag mé póg gheanmnaí ar do ghrua.
Bhí dul amú ort
agus sciorr do bheola thar mo bhéal,

         tadhall
chomh
       héadrom   álainn
le peitil
      an chrainn
           silíní

  ag deireadh
          mhí
              Aibreáin

  chomh
     héadrom
          sin
nach
   bhfuil
             mé
cinnte
      ar tharla sé
            in aon
                chor

Céile

Maith dom é —

níor chuir suaimhneas riamh
peann ar phár.

Bé

Ná tar chomh gar sin dom –

rúndiamhair do choirp
an scáth a líonann peann.

Peaca an Uabhair

An é go n-aithním
scáthanna díom féin
i ndúch an dáin sin?

An é go bhfeicim mo lorg
ar bhrat sneachta
an leathanaigh?

Fiú más uabhar gan náire é,

nach álainn é
sméaróid mo chroí
a thumadh seal
i bhfíoruisce do dháin?

Athlíonadh Méaracáin

bainne colainne
i mbabhlaí súl

fíon anála
i ngloiní béal

mil osnaí
i sruthanna fola

dá gcaithfeadh muid
aon oíche amháin
le chéile

chun méaracán
a athlíonadh
le dúch an tinfidh

an ruidín
a dhoirteadh
ar leathanach bán

mar seo
agus ansin

tá romhat
an dán

Farraige

Eadrainn
bhí farraige
chreidimh
nárbh féidir
le long cheana
a thrasnú.

Ó dhuirling
mo shaoil
sheol mé chugat
na dánta,
báidíní páipéir –

ag súil go dtiocfadh
liric amháin slán
ó lomáin aimsire
is ó fhochais faid.

Tart Gealaí

A Ghealach, a chuid,
is cuimhin liom
gur thuirling mé ort
uair amháin
le linn m'óige,
gur shiúil mé
do shléibhte,
gur thaiscéal mé
gile do chruinnis,
gur leag mé lámh
ar do ghrua...

Anois
ar loch m'intinne
luíonn do scáil.

Seolaim mo bháidín chugat
ar an dromchla:
Tá tart gealaí orm
nach mór dom a chosc.

Is luaineach an leagan seo díot,
ach thig liom súil a leagan ort,
mo bhuicéad a thumadh ionat.

Ach nuair a tharraingím
an buicéad aníos
níl ann ach dubhuisce locha.

Thaoscfainn an loch seo
go grinneall
is ní bheadh fáil agam ort
ná ar do sholas,
ná fiú ar do scáil.

Tumaim an buicéad arís
síos sa loch.
Coiscim mo thart
le huisce dorcha dáin.

Coimisiún Ealaíne

Chothaigh dúshlán do chomhlíonta
lagmhisneach ionam,

amhábhar a shantaigh
tadhall láimhe.

Gliúc do chreatlaí
ó chúinne seomra,

ach le brú ama
tagann dúil:

iomrascáil ansin
chun gliondair,

easpa bia, easpa dí
bréantas allais faram,

foirfeacht an chruthaithe
sásamh ar an dúil.

Mise agus tusa,
déantús mo láimhe,

le chéile tamall
faoi sholas ómra an lampa,
ach tá do mhargadh déanta.

Féirín na Nollag thú
d'fhear an choimisiúin:

socraím thú i gcúl cairr
agus téann muid ar d'aonturas.

An t-airgead i mo ghlac,
an mhionchaint ar siúl,

suas staighre liom féin
chun tú a shíneadh romham:

bainim lán na súl asat
uair amháin eile.

An Fhilíocht

caonach a fhásann
ar thorthaí an ghrá
nár itheadh

Meancóg Bheag

Dúcháin do shúl,
foinse mo phinn
mar a ghrean mé
a nduibhe
i gcloch dháin.

Dul amú:
níl do shúile dorcha.

Fianaise an Pheaca

Na litreacha clóbhuailte
a athchruthaíonn an ghirseach
a shiúil uait, a ghortaigh thú –

is iarainn bhrandála iad
ar chraiceann na mná inniu,

agus cloisim siosarnach miotail
nuair a thumtar ar ais iad
i bhfíoruisce an dáin.

Ionradh

Deich mbliana
ó leag mé lámh ar
bhláthanna geala
do chraicinn,

athfhásann tú
as ithir mhéith
mo bhrionglóidí.

Dúisím agus
tá móinteacha
mo choirp
faoi bhláth

le glúineach bhiorach.

Stoitheadh

Táim cráite ag
fréamh an róslabhrais
a chuir mé féin
in ithir mo chléibh,

cráite ag
na bláthanna
nimháille
a phléascann amach
frí mhogaill mo shúl
ó bharr mo mhéar
ó ghob mo phinn.

Ardaím an tua,
a bhfuil sáfach cheart
dharach léi,

cuirim an tsluasaid,
a bhfuil feac ionraic
dílseachta léi,

chun an fhréamh seo
i mo lár
a stoitheadh amach –

chun smidiríní a dhéanamh
d'fhoinse áirithe seo
na filíochta.

Drabhlás

Ag deireadh an lae
agus cloch m'intinne
trom i mo bhaclainn:

deoch!

Chun an t-ualach sin
a chur ar snámh
i loch an fhíona:

deoch!

Cén cladach
smaointeoireachta
atá romham?

deoch!

Cén mise eile
a osclaíonn
doras m'aghaidhe
agus a shiúlann amach
i measc na ndaoine?

deoch!

Póit Filíochta

Táim bréan
den mhéathras,
tuirseach d'fhíon
an fhriotail.

Tá póit filíochta orm.

Teastaíonn uaim
faoiseamh.
Fuacht.
Aer úr. Leite lom. Uisce.
Arán tirim. Ráiteas díreach.

Áit Dhúchais

Is ar éigean a thabharfá dó barróg –
tá
eadraibh
fál
ard
na
cúirtéise,

ach ina ghné agus ina chaint
athchruthaíonn sé duit an ceantar
inár tháinig sibh beirt i méadaíocht.

An cailín
a mhair san áit sin
ar feadh ocht mbliana déag:

brúchtann a gáire aníos asat,
deargann do ghrua lena fuil,
buaileann do chroí lena díograis,

agus éiríonn do ghuth
chomh ramhar le leite.

Ní hé go raibh tú i ngrá leis,
ná go bhfuil anois,
ach go gcuireann sé

i gcuimhne duit fós
an tusa a chónaigh tráth
i gceantar sin na gcnoc:

áit ar shín
na páirceanna eorna
ina bpaistí óir
thar fhíor na spéire,

agus ar lá gaoithe,
áit a mbíodh
tonnta órga eorna
ag briseadh ar aillte
na bhfálta…

Anois i gcathair an Iarthair
ina dtéann tú go scaoilte
le d'ainm bréagach,
le do chaint uisciúil
sa dara teanga,

bíonn dúil agat uaireanta
tiontú ina threo,

le sleamhnú
frí bhearna

i bhfál
sin

na
cúirtéise –

       agus tú féin
       a chuachadh,

       i gcúinne ciúin
       den pháirc eorna
       a shamhlaíonn tú
       ina chroí.

Aithrí Mhall

2012-2022

Ní dóigh liom gur phléigh muid, ó shin i leith,
gur bhuail muid le chéile frí thionóisc
i ngeimhreadh na bliana sin,

ná níor phléigh muid cúrsaí teanga an oíche sin,
mar ní raibh béarla againn ach allagar drúise,
agus fonn cainte orainn beirt,

ná níor phléigh muid scríobh na filíochta,
mar níor bhlais ceachtar againn
seirbhe an ghrá éagmaisigh fós.

Sna blianta a lean,
níor thaitin droim do láimhe liom
nuair a dhiúltaigh tú mo chuid spallaíochta,
faoi mar nár thaitin sé leatsa, is dócha,
nuair a shiúil mé uait cúpla uair.
Ach bhí fuadar an ghrá fúm i gcónaí
agus tá fós.

Ró-óg, nuair a bhuail muid le chéile
i gcomhtheagmhas ár saoil, a chuid,
ró-óg.

Dá gcasfaidh muid ar a chéile
den chéad uair anois!

Ach tagann muid ar ár n-araíonacha.
Fásann ciall le himeacht ama
ar nós caonaigh ar an chroí ródhána.

Mil

mo chuid cuimhní
ar ghlac na bpóg
a roinn mé leat

coinním i bpróicín iad
i gcófra ard na hintinne

ar nós meala
ní imeoidh siad choíche
ó mhaith

agus uaireanta fós,
nuair a bhíonn
ruidín milis uaim,

smearaim daba
ar chanda bán
an dáin.

Ainm

Ceilim mo dhúchas gallda ar na Béarlóirí
nuair a chognaíonn siad gutaí m'ainm nua

(ainm a ransaigh mé as béal na ndaoine
ar chuir mo shinsir as seilbh iad fadó).

An Dara Teanga

Ag iarraidh iasc a ghabháil
le heangach phollta,

Ag bualadh mhiotal na bhfocal
le casúr teanga:

tá ubh chuaiche
i nead an bhéil.

Iorras Aithneach

Ní labhraíonn orlach den iorras seo liom
ina theanga féin ná i dteanga ar bith eile:

táim bodhar ar allagar an eibhir
is ní chloisim an port a sheinneann an ghaoth
ar dhromchla an tsáile.

Siúlaim na portaigh liom féin,
is ní fhágaim lorg coise i mo dhiaidh.

Táim i bhfad ón bhaile
                              gan ainm baile.

Cnoc Mordáin

Lá agus mé ag tiomáint soir
taobh le Cnoc Mordáin,
d'aclaigh an t-iorras a dhroim
is chaith sé mise dá chraiceann,
do mo bhualadh ar ais ó thuaidh
le boiseog ó ruball na gaoithe,
mar tharbh ag smiotadh míoltóige.

Síodumhach

Is cuma leis an phortach seo
cén duine a shiúlann air
ná cén teanga a labhraítear ann.
Sotalach an smaoineamh
go dtugtar aird dá laghad
ar dhradaireacht seo an duine,

nuair atá ríthe filí baird
lincse béar eilc
teangacha
feithidí
feircíní ime is
íobairtí daonna

i gcuimhne fhada
an phortaigh.

Déanaim scéal mór
as deacrachtaí
an tsaoil nua seo,

ach níl ionam ach cuileog
ag drannadh le
drúchtín móna an ama.

Na Bailte Bánaithe

I gcead do Chathal Ó Searcaigh

Tráthnóna geimhridh
idir an dá sholas
ní tchím iad, na daoine –

seachas an *stag party*,
mearbhall orthu san ollchiúnas
i gCloch na Rón tráthnóna.

Ag spaisteoireacht dom thart faoi
Eaglais Naomh Muire
a thóg Alexander Nimmo in 1824,
maíonn comhartha ar an doras:

Services at 10am
Every Sunday
In June, July and August

is tá na doirse faoi ghlas
do lucht achainí an gheimhridh.

Insíonn fear an chaifé dúinn
go mbíonn an áit folamh
go dtí go bpilleann
lucht na dtithe saoire

ar chéad deireadh seachtaine
saoire bainc na bliana,
is ansin, le linn an tsamhraidh.

Seasaim ar an ché liom féin
ar an lá geimhridh seo
idir dhá sholas an Eanáir
is ní tchím iad, na daoine.

Tchím na baoithe
breactha ar ghloine an chuain.

Tchím veain bhán amháin
ag tiomáint thall ar Inis Ní.

Tchím Máire fhada
ar aire i láib na cé.

Tchím seanfhear amháin
ag siúl leis féin,
thar na tithe áille daite
thar an siopa éadaí druidte.

Na Mairbh

marmar dubh
nuachóirithe
i measc na gcloch
sa tseanreilig in Inis Ní,

briogáidire-ghinearál
de chuid na hIaráice
curtha i reilig na Gaillimhe,

béirín bán i mbosca gloine
faoi chrústa salainn
i reilig Mhuighnse,

leaca uaighe
bolg le gréin
ar thaobh cnocáin sa Spidéal:

seo iad na daoine
ar éirigh leo a gcuimhne
a chaomhnú
seal,

ach le gach coiscéim
ar thalamh na tíre seo
éilíonn na mairbh gan ainm
ár n-aird:

níl le déanamh ach stopadh
cromadh síos
agus éisteacht

Adhlacadh i Muighnis

Léitear an paidrín i nGaeilge
agus freagraím, faoi m'anáil,
i mBéarla.

Caitheann sluaistí na bhfear
spreaba an ghainimh
ar chlár an mhairbh.

Cuirtear leac dhín na barrithreach
ar ais ar an uaigh,
ansin na bláthanna teaghlaigh,
is faoi dheireadh,
leatar eangach
thar na crobhaingí,
agus tiomnaítear cuaillí
isteach sa talamh

ionas nach sciobfaidh
an ghaoth farraige seo
achan pheiteal ón uaigh.

An Húicéir Ceangailte

An mbíonn
an t-adhmad tirim
sa húicéir seo
ag brionglóidí fós
faoi na tonnta sáile
a bhíodh thart air tráth
ar lá rásaíochta?

Ar inis an fharraige dó
seanchas
faoin fhíoruisce
a chuaigh fríd an adhmad tráth
nuair a bhí sé ag fás,
agus é ina bhuinneán?

B'fhéidir,
nuair a líontar craiceann an bháid
le bailc Chonamara,
go meabhraítear don adhmad arís
blas an fhíoruisce,
cuimhní a bheatha.

Siúlóid Oíche

Thiontaigh mé den phríomhbhóthar tar éis tamaill.
Chuir na soilse cairr ga solais i mo mhac imrisc,
réab na hinnill síoda na hoíche,
is níor theastaigh uaim ach slaod an dorchadais.

Ar an bhóithrín cham go dtí Trá Ruisín na Mainthiach,
imíonn fuaimeanna agus soilse tí i léig
go dtí go siúlaim fríd an oíche thiubh
a chuireann craiceann coimhthíoch ar an uile rud.

Tá géimneach na mbó osréalach,
agus tagann bíog éin, más éan atá ann, ón tsaol eile.
Cloisim míolta beaga gan ainm
ag gnóthadóireacht idir clocha na mballaí.

Baineann an ghealach di a cealtair scamaill
agus léirítear dom an domhan aduain seo,
ina bhfuil faobhar airgid ar an uile rud beo
agus duibheagán sa spás eatarthu.

Is mise an t-aon duine amháin anseo
ag siúl an bhóithrín, agus is maith an rud é.
Óir níl tuairim agam faoin chuma aisteach
a chuireann oibriú na hoíche orm.

Déarfainn gur mhéadaigh mo dhá mhac imrisc
chun an solas lag a shú isteach,
ach an t-athrú eile a mhothaím –
ní thig liom cur síos a dhéanamh air.

Feicim, áfach, gliúcaíocht na gealaí
ó na scáileanna sna locháiníní uisce romham.
Scrúdaíonn sí an neach a dhruideann leis an fharraige,
agus mo cholainn ag dul in aduaine.

Lag trá. Cloisim gach cuilithín i mo cheann
faoi mar a shiúlaim i dtreo líne gheal an uisce.
Plúchann an gaineamh fliuch gach cló coise
a fhágaim i mo dhiaidh
is ní bhreathnaím siar chun cruth an chló a mheas.

Tá an fharraige slaodach leis an fhuacht
agus tá greim daingean aici ar rud i mo lár –
sreang imleacáin na beatha –
agus tarraingíonn sí isteach mé, mar seo,
coiscéim, coiscéim, coiscéim,
do mo ríleáil chuici san uisce ghlé…

Cuireann m'intinn stop liom in eagla a scaoilte
agus tiontaím ón fharraige a ghlaonn orm
ag siúl ar ais i dtreo an phríomhbhóthair.

Imíonn an craiceann aisteach ó gach rud
agus tagann mo chruth daonna ar ais orm,
go dtí go n-aithním na carranna arís
agus go mbriseann a dtorann an gheis.

Sa bhaile arís, crochaim mo chóta,
bainim díom na bróga,
déanaim mo mhéara a chomhaireamh,
scrúdaím mo chraiceann go haireach… tada.
Ach nuair a bhreathnaím sa scáthán sula dtéim a luí,
i ngealacáin mo shúl — an duibheagán dubh.

Smúit Mhara

Ag siúl linn san Áird Mhóir,
éiríonn smúit mhara gan rabhadh
a cheileann
grian,
íor na spéire,
an fharraige
na tithe,
an bóthar.

Scaiptear solas órga an tráthnóna
go dtí go siúlann muid linn san éitear.

Tá go maith.
Siúladh muid go deo.
Níl ann ach do lámh i mo ghlac
is deora smúite i do ghruaig.

Racht

blianta de lóistín roinnte sa chathair
le beirt nó triúr nó ceathrar
agus eatarthu ballaí cairtchláir

foghlaimíonn sí conas
na scairteanna grá a shlogadh siar
go dtagann dó croí uirthi

an bualadh feola a chlúdach
le cúirtéis an cheoil
na coiscíní a cheilt
le páipéar leithris
agus an rud a bhrú síos
go bun na dramhaíola

bíonn sí ag brionglóidí faoi theach
dá cuid féin amuigh faoin tuath

bheadh gach giolcach ina staic ar aire
taobh amuigh den fhuinneog

d'ardódh an t-uisce dubh
go béal na ndíog sa phortach

agus thiocfadh luisne ar an tsionnach
go barr a ruball rua sa gharraí

bheadh ráflaí sa cheantar sin
den chéad uair le fada

faoi bhean sí ag siúl na bpáirceanna
ag ligean liú aisti
i nduibheagán na hoíche arís

Iarghrá

Leadraíonn
tua do chroí

adhmad
mo bhrollaigh

Ticéad Réamháirithe

Ar an bhus 64 go Bealach Féich
tar éis dom an ticéad ar mo ghuthán a léiriú,
tagann seanfhear i mo dhiaidh sa scuaine
a labhraíonn leis an tiománaí
i nguth chomh híseal briste sin
nach dtuigeann an tiománaí focal.

Are you booked in online?
a fhiafraíonn an tiománaí de,
deifir mhór air
mar caithfidh muid imeacht ag a 12.00.
It's Friday - you have to book on a Friday.
The students are all going home.

Ní thuigeann mo sheanduine focal.
Mar a rinne sé míle uair,
síneann chuig an tiománaí pas aoise,
agus ansin, as póca a chóta,
seanleathanach caite
fillte agus athfhillte míle uair
a bhfuil cúpla focal scríofa air
a léann an tiománaí amach:
BUNDORAN, THE SECOND STOP PLEASE.

Oh, a deir sé, we're a ways off that yet.
Just come up and remind me.

You can come on, but this bus is almost fully booked –
make sure to book next time.

Leanann an seanfhear leis,
gan tuiscint fós
go gcaithfidh sé ticéad a chur in áirithe
don chéad turas eile,
agus an ticéad a léiriú ar scáileán gutháin
nach bhfuil aige.

Tar éis dom breathnú
ar an dráma bheag os mo chomhair,
cuirim mo lámh féin le póca mo ghúna,
ag samhlú go bhfuil píosa caite páipéir agam féin
a osclóidh mé
nuair a bheidh mé ag siúl gan treoir
ar shráideanna na cathrach seo san oíche
i gceo fearthainne liom féin.

Beidh a fhios agam an uair sin, seans,
cá bhfuil mo thriall,
cén áit a gcaithfidh mé
tuirlingt den bhus ar an turas seo
nach bhfuil críoch leis,
nach féidir ticéad ná ceann scríbe
a chur in áirithe dó
roimh ré.

Cártaí Poist ó Bhealach Féich

Ag taisteal dom
fríd an Bhearnas Mhór sa bhus 64
tá rian an iarnróid le feiceáil
ar ar thaistil mo shinsir tráth

> Amharcaim frí fhuinneog an bhus
> agus baineann an spéir
> tuáille gréithe na scamall
> ó bhabhla bláthaí na gealaí

Labhraím Béarla ag an ócáid
baineann mo ghutaí searradh astu féin
bláthaíonn achan fhocal deiridh
ar ghais na n-abairtí

> Leanaim thú amach as an óstán
> tar éis na hócáide
> pléascaim fríd na doirse
> agus cloisim iad á bplabadh i mo dhiaidh

I mo staic sa charrchlós
osclaím mo bhéal
faoi sholas crua na lampaí
cé go bhfuil do charr imithe cheana

Ar ais sa bhaile cuireann mo thuismitheoirí
cáca baile is tae romham
i mo sheomra féin arís
éirím níos óige agus níos sine

Sínim mé féin i mo leaba
taobh le cuimhne an chailín óig
a d'fhliuch an leaba seo achan oíche
cuireann sí a láimhín thais i mo lámh féin

Ag taisteal dom ar ais
fríd an Bhearnas Mhór sa bhus
druideann na Cruacha Gorma i mo dhiaidh
agus cloisim doirse óstáin á bplabadh

Aiteall

An Droichead Beo, Ollscoil Luimnigh, 24ú Iúil 2022

Ar theacht don aiteall,
is mé ag siúl ar an Droichead Beo,
lonraíonn an ghrian
ar achan rud fliuch, déantar gloine den chruinne,
tagann moill ar imeacht na haimsire go tobann:
itheann eala duileasc abhann;
bogann snáthaidí móra go réidh fríd an aer íonghlan;
síneann trí bhroigheall a sciatháin amach sa teas;
teitheann splanc ghorm an chruidín faoin droichead.

Gan fuaim na fearthainne, géaraíonn mo chluas:
lúbann siansa ceoil chugam ón Cheoláras.
Cloisim méadranóm an cheoil:
fear óg ag bualadh sliotair in éadan an bhalla
taobh le Scoil an Leighis.

Éiríonn an solas tiubh arís. Brostaíonn daoine
thar an droichead,
agus titeann ribíní airgid an uisce.
Buaileann braonta an tsolais
ar dhuilleoga na gcrann
a fhásann taobh leis an droichead.

Cloisim díoscán an adhmaid
agus na crainn ag sú na bailce isteach:
fásann siad méadar sa bhomaite mhall seo, díreach.

Cloisim na braonta ag titim ar na duilleoga:
bualadh bos fonnmhar sa Cheoláras thall,
agus pléascann siad ar mo scáth fearthainne:
na mílte sliotairíní criostail in éadan balla.

Drocháilleacht

Cuireann tú cluain orainn
le doirne corcra do bhláthanna,
a róslabhrais.

Cabáiste an mhadra rua,
báchrán, rabhán seamair:
déanann tú díshealbhú
ar phlandaí an bhlátha bhig.
Tá do mhealla corcra scaipthe
fud fad Chonamara,
agus i gCill Airne,
caitheann tú buinneáin
na ndarach i do scáil.

Tá do bholscaireacht
chomh maith sin
go ndíolann muid thú i bpotaí
san ionad garraíodóireachta.

Nuair a ofrálann tú
craobhóga do bhláth do mo shúile,
d'fhéith na háilleachta,
caithfidh mé mo chroí
a chruachan ort.
Ní hionann maise
agus maitheas.

Sméara

Maíonn fógra ag ceann an bhóthair
LAND FOR SALE: PRIME DEVELOPMENT SITE.

Tá scrobarnach i réim sa *site* seo,
an áit seo a bhailíonn chuici málaí bruscair,
cannaí stáin, coiscíní, truflais an tsaoil
áit a mbíodh páirceanna tráth,
áit ar sheas an teach sin thall leis féin,
teach feirme fadó,
atá anois míshuaimhneach
i gcomhluadar na n-eastát.
Áit a fháiltíonn roimh phlandaí nár cuireadh riamh
i ngéibheann an ghairdín.

Tá na caisearbháin flúirseach,
agus baineann an féar síneadh as na cosa
i ndiaidh iníor na mblianta;
Tá an sceach agus an t-aiteann i mbun comhrá,
a ndroim curtha le claí;
tá an feochadán béal dorais leis na nóiníní móra,
agus tá na driseacha ag tabhairt faoi rudaí le fonn
mar níl am le spáráil.
Tarraingíonn na dealga ar fháithim mo ghúna
chun m'aird a dhíriú orthu,
agus doirnín dubh milis ag barr na ngas ar fad

ag ofráil milseachta dom. Ar an chosán seo
ar imeall na cathrach, tá sé doiligh iad a dhiúltú,
go háirithe nuair a aithním
caidé atá i ndán don áit seo –
tithe ar dhéantús aonchineálach,
dhá charr in achan chlós,
madraí pórghlana nach n-oireann
saol an tí daofa.

Tugtar sméara dubha dom
mar chúiteamh ar m'aird,
i mo sheasamh anseo ar feadh bomaite
chun urraim a léiriú don scrobarnach,
don sceach, do na fiailí,
don mhilseacht a thugtar dúinn
mar churadhmhír an tsolais,
do na dealga seo nach gcoinneoidh
an tochaltóir ó dhoras.

An Trom

Samhradh 2020

An samhradh sin
bhí am le meilt againn ar fad,
agus chaith mé uaireanta sa ghairdín
ag cúléisteacht le dord na mbeach
ag faire amach do gach aimiréal dearg
is do gach leamhan flanndearg
a thuirling ina mbraonta fola
ar chraobhóga do bhláthanna,
a d'fhás ina scotháin sneachta.

D'fhás tú ansin ag binn an tí
ar feadh blianta
gan éinne ag tabhairt suntais duit
ach na bumbóga agus na héin
agus na féileacáin
agus gach ní beo nach daoine iad
agus mise, an malluaireach.

Le faobhar scine
líon mé ciseán le do chraobhóga.
Sa phota, bhruith mé iad
le líomóid agus siúcra
go dtí gur líonadh buidéil ghloine
le gile ó chúr milis do bhlátha.

Nuair a thiocfaidh caora ort
san fhómhar, a cheap mé,
déanfaidh mé síoróip eile
a bheidh chomh dorcha méith
le fuil.

Níor tháinig
agus ní dhearna,
óir teascadh go do bheo thú.

Bac ar an tsolas, a dúradh.
Cé gur ghlac tú an solas isteach
chun féiríní na gréine
a bhronnadh orainn,
le go mblaisfeadh muid
an solas céanna arís
i ngile milseachta.

Tá do mhilseacht anois
ar shlabhra an tsáibh,
is ní thig liom breathnú ort.

Cáisc

Síneann broigheall
a réise amach,

fógraíonn faoileáin
nuacht an aiséirí,

agus dallann buille bán
ó sciatháin eala mé.

D'fhéadfá a rá
go gcreidim, seal.

Siúlóidí Féinaonraithe

Gliúcaím fríd
na fuinneogaí ar fad
le linn m'fhánaíochta,
ag iarraidh sliseanna an tsaoil
a chruinniú i mo phócaí:

osclaíonn bean doras oighinn
is nochtann daba ime
an tsolais,

canann pearaicít amháin
in éanadán sa tseomra suí,

éiríonn páiste ina sheasamh
ar tholg is stánann orm.

Bailím na híomhánna
dronuilleogacha seo
mar chártaí poist
ó thíortha iargúlta
i bhfad i bhfad i gcéin.

Ag fanacht glan ó achan duine,
táim i mo chill bhradach,
i nduibheagán na hoíche,
in ionathar na cathrach.

Tuairisc Ghaeltachta

I *An Fhianaise*

Ligeann a bhosca ceoil
osna faoisimh sa chúinne
ón chlogadadh a fuair sé
faoi chruabharra a mhéar,
agus cloisim scríob
na mbróg damhsa
is cniogaí an mhiotail
ar leacáin chloiche
nuair a shiúlann sé amach
go teann.

Ardaíonn a athair
a fheadóg
ar nós claímh,
an ceol á bhrú arís
in éadan na mballaí,
á phléascadh
fríd na fuinneogaí,

agus go tobann
is clóscríobhán é
a bhairbíní ag bualadh
faoi bhileog an cheoil

sa teach tábhairne seo
i gCeantar na nOileán.

II *An Tuairisc*

Tá achan rud anseo
chomh coimhthíoch sin
do mo chluas cheolbhodhar
Lagánach
gurb amhlaidh gur ambasadóir mé,
agus mé glas ar an obair,
ó thír i bhfad i gcéin.

Ach níl caill orm –
faoi mar a scríobhaim
mo thuairisc abhaile
chuig mo cheantar dúchais
i bhfearann m'intinne féin,
cloisimse scríob
ghob an phinn,
cniog an lánstad,
ar leacáin bhána
an leathanaigh.

Meán Oíche na hAthbhliana

Ar bhuille an mheán oíche
seasaim os comhair an tí

agus scaoileann muintir Chonamara Theas
bladhmanna éigeandála,
tinte ealaíne na bpobal iascaireachta.

Thar Leitir Móir
pléascann réalta dhearg amháin sa spéir:

Súil Bhalor, déarfainn,
ag stánadh orm,

ach gur fánaí mé
ag amharc ar an oileán mhícheart.

Tomhas

Bhí teach an táilliúir Bharrett
ina sheasamh
ar bhóithrín Síodumhach
nuair a bhí athair mo chéile
ag tógáil tí gar dó.

Thug Barrett rabhadh dó
gan lámh a leagan ar an leac mhór
ar a dtugtar Leac na mBeithíoch
a luigh idir na tithe,
óir bhailigh taibhsí uile an cheantair
le chéile ag an leac sin san oíche.

Cheannaigh duine
seanteach an táilliúra
is chóirigh siad é ó shin.
Tá radharc ag an teach fós
ar leac mhór na dtaibhsí
gan éinne
ag amharc amach ar a dtimeannaí
go hurramach níos mó.

Ar mo bhealach chuig Síodumhach,
samhlaím bioráin agus méaracáin
an táilliúra bhacaigh

i bhfolach faoi phlástar nua,
i scoilteanna na mballaí,
taiscthe faoin urlár.

Ar an taobh eile den bhóithrín,
tá Teach Bhéibín Pháidín Bhab:
thit an díon isteach blianta ó shin
agus seasann an simléar ar leathchois.

Crapann na clocha roimh an ghála mara
a shéideann fríd na fuinneogaí,
a bheireann anois ar phíosa éadaigh dorcha,
á chur ar foluain os mo chionn:

préachán dubh amháin
do mo thomhas lena bhiorshúil.

Rialacha Tí

Duine níos láidre ná Dia a chuirfeas píosa siar as a theach
– ráiteas a chuala mé i gCárna

Breathnaím ar an fhothrach tí
nach bhfuil cónaí ann níos mó
seachas sceach mná sa tseanchistin,
agus sceach fir taobh amuigh,
lúbtha go talamh i ngaoth na farraige.

Bíonn comharthaí na gceantálaithe
leagtha go talamh thart fá na seantithe,
cosúil le bratacha an namhad.
Gálaí farraige, b'fhéidir, a dhéanann an beart,
nó neacha eile a bhfuil éilimh acu ar an áit
a mhaireann i bhfothraigh a dtithe fós,
a chuireann a ladhar isteach
má chuirtear bac ar chosán sí,
má dhéantar iarracht an teach a dhíol,
nó má chuirtear píosa siar as an teach.

Piseoga! a deirim liom féin –
ach nuair a phreabaim i mo dhúiseacht
agus na cait fhiáine i mbun troda taobh amuigh,
sílim ar feadh bomaite
gur seanmhuintir mharbh an fhothraigh atá ann
agus iad ag tabhairt íde béil dá chéile
faoi chúrsaí uachta is úinéireachta an lae inniu.

Éan Corr i gCárna

A phiasúin, a stór, tá an geimhreadh
tar éis béim síos a thabhairt duit:
goideann tú fuílleach na mbó,
cé go bhfuil tú feistithe fós
le do bhóna bán, do chuircín dearg
agus do ruball speiceach
in ainneoin airce agus ampla.

Mothaím comhbhá leat, a phiasúin,
a mhionghadaí,
i bhfad as an áit seo ár ndúchais.

Eibhear

I ndiaidh dom cúpla lá
a chaitheamh sa cheantar seo,
santaíonn mo radharc
cuair réidhe na gcnoc –
Croaghan, Knockavoe, Argery,
Mongorry, Meenavally –

le go rollfaidh mo shúile, ina mirlíní,
thar fhíor na spéire,
fríd an fhéar thiubh,
i dtreo na bpáirceanna eorna,
le go ndéanfaidh siad a mbealach
go dtí an Mesopotamia bídeach sin
idir caise na Finne
agus sruth na Daoile.

Agus santaíonn mo bhéal
cuair réidhe
na chéad teanga,
le go rollfaidh mo bheola
go socair thar fhaobhar na bhfocal,
le go mbeadh blas mo chainte
faoi bhláth in ithir mo ghutha,

ach caithfidh mé teacht isteach
ar an eibhear i mo radharc,
ar an eibhear i mo bhéal.

Sa Bhothán

Níl an teas lárnach anseo
thar mholadh beirte.

Ar maidin
sa tseomra thais seo,
nochtaim aníos
as na pluideanna
agus druidim i do leith.

Cloisim sioscadh miotail
nuair a leagaim mo leiceann te
ar do ghualainn fhuar.

Oíche Seaca

Tá an sioc ag cnagarnach
faoi shála tanaí mo shlipéir.

Cheal scamall, cheal solais,
tarraingíonn an ghealach
scáth ó bhun mo chos
a shiúlann taobh thiar díom.

Drithlíonn an talamh
agus an spéir araon,
agus tá an t-aer chomh briosc,
chomh gléigeal sin,

go gcloisim laiste an dorais
i dteach i Ros Muc

go n-airím grágaíl an asail
sa gharraí i gCill Chiaráin,

go braithim solas seomra á lasadh
i dtigh Val thall,

achan phána den fhuinneog
á líonadh le hór
i ndiaidh a chéile,

agus sonraím ansin
mearcair an dáin ag ardú
i bhfeadán mo cholainne.

I dTeach na Teanga

*I gcuimhne Winifred Quinn, cainteoir Gaeilge
a mhair i mBaile Suingeann, Oirthear Dhún na nGall, 1911*

Níl cliú agam cá bhfuil na cupáin
ná an citeal sa teach seo.
Ransaím na cófraí agus aimsím
pláta amháin thíos faoin tábla,
pláta eile ar crochadh sa vardrús,
spúnóg sa chiseán móna
agus scian sa teallach. Tá an tae ar foluain san aer
i scamall gráinníní.

Bhí daoine ina gcónaí sa teach seo, tráth –
feicim a lorg ar na leabaí folmha,
a gcoiscéimeanna sa luaith,
rian a liopaí ar na cupáin
a aimsím, faoi dheireadh, thuas sa tsimléar.
Níl na *modcons* sa teach a mbeifí ag súil leo.
Níl cuisneoir ná meaisín níocháin le fáil,
agus nuair a aimsím an citeal
thuas san áiléar, ní citeal leictreach é.
Níl nóisean agam conas tine a chur
ná a choigilt,
ná cén áit a bhfaighinn breosla
ná uisce.

Nuair a dhéanaim iarracht codladh,
séideann an ghaoth frí scoilteanna sa bhalla.
Smaoiním faoin phluid leictreach
agus an *sherpa fleece sleepsuit*
a bhí agam sa teach eile, mar aon le *WiFi*,
blender agus ríomhaire glúine.
I lár na hoíche
cloisim coiscéimeanna ar an staighre
san áiléar, taobh amuigh, ar an díon,
i gcór le monabhar i dteanga aisteach,
seitreach capaill, géimneach bó,
agus gáire na bpáistí. I mo bhrionglóidí
airím na suantraithe deireanacha
a canadh sa teach sa teanga sin.
Dúisím de phreab ar maidin,
ar an díon,
agus deatach ag éirí ón tsimléar.

Nuair a osclaím doras an tí
tar éis dreapadh anuas ón díon,
gan orm ach an phluid,
tá tine mhóna ar lasadh romham,
ach níl duine ag an teallach leis an tlú.
Suím síos i seanchathaoir cois na tine
a bhfuil seacht gcos anois fúithi,

agus bainim pléisiúr as an teas anaithnid,
as an chiseán móna
a líonadh agus mé as láthair.

Ní thuigim.

Ach éirim den chathaoir sheachtchosach
agus faighim an citeal atá ag bogadach
cosúil le balún cóisire sa chistin.
Beirim ar ghlac tae atá ar foluain san aer.
Tá tuairim anois agam,
óir dhreap mé anuas ón díon,
cá bhfuil an sconna taobh amuigh:
fiú má shileann an t-uisce suas go spéir
seachas síos i dtreo na talún,
tá mé cinnte
go ndéanfaidh sé cúis.

Iarfhocal

Nuair a amharcann tú ar
spléachadh na fírinne
a chaitear ar bhalla an leathanaigh
ón pholl snáthaide
i *gcamera obscura* an dáin,
bí cúramach.

Fírinne atá romhat
ach í bunoscionn,
droim ar ais:

mo leagan féin
den tsolas.

Nóta Beathaisnéise

Rugadh agus tógadh Laoighseach Ní Choistealbha i gceantar an Lagáin in oirthear Dhún na nGall. Is sa mheánscoil a chuir sí suim sa Ghaeilge den chéad uair, áit ar scríobh a múinteoir 'Laoighseach Ní Choistealbha' mar aistriúchán ar 'Lucy Costello' ar a cóipleabhar ranga.

Tá cónaí uirthi i nGaillimh ó 2012. Tháinig sí aduaidh chun céim sna Dána a dhéanamh, agus níor fhág sí an chontae fós. Chaith sí deich mbliana sa chathair, ag bogadh timpeall na háite, agus tá sí ag cur fúithi i gCárna Chonamara anois.

Tá MA sa Nua-Ghaeilge aici, agus faoi láthair tá sí ag obair ar PhD. Is ar fhilíocht chomhaimseartha na Gaeilge agus teoiricí na hÉicichritice a dhíríonn a cuid taighde. Tá suim speisialta aici i saothar an fhile Biddy Jenkinson.

Tá dánta foilsithe aici i bhfoilseacháin éagsúla thar na blianta, ina measc *Éigse Éireann*, *An Capall Dorcha*, *Comhar* agus *Aneas*. Is in 2013 a bhuaigh dán Gaeilge léi duais den chéad uair, ina comórtas áitiúil i mBealach Féich, Comórtas Filíochta Frances Browne. Is í duais Fhoras na Gaeilge ó Sheachtain na Scríbhneoirí, Lios Tuathail, an duais is déanaí a ghnóthaigh sí, don dán 'I dTeach na Teanga', dán a scríobh sí in ómós dá sinsir i nDún na nGall a raibh Gaeilge acu de réir dhaonáireamh 1911.

Níor seachadadh an teanga ar na glúnta a lean. Lena hobair acadúil agus fhileata, ba mhaith leis an bhfile seo oidhreacht chaillte a sinsear a ghlacadh chuici féin arís.

Is é *Solas Geimhridh agus Dánta Eile* an chéad chnuasach uaithi.

Nóta Buíochais

Táim faoi chomaoin ag moltóirí na gcomórtas filíochta a bhronn duaiseanna ar mo shaothar thar na blianta agus ag eagarthóirí liteartha na n-irisí a chuir dánta liom i gcló, go háirithe Tristan Rosenstock.

Buíochas fosta leo siúd a léigh dréachtaí den chnuasach seo agus a thug aiseolas: Louis de Paor, Ailbhe Ní Ghearbhuigh, Áine Ní Ghlinn, Tadhg Mac Dhonnagáin agus Róisín Adams.

Ba mhaith liom buíochas speisialta a ghabháil leo siúd i bhForas na Gaeilge a d'eagraigh an Scéim Meantóireachta, 2021–2022. Chaith mé an tréimhse sin faoi stiúir Áine Ní Ghlinn, a chabhraigh go mór liom creatlach an chnuasaigh seo a chur le chéile.